Hommage très respectueux
E. Cartailhac

MISSION SCIENTIFIQUE

DU MINISTÈRE DE L'INSTRUCTION PUBLIQUE

LES MONUMENTS
PRIMITIFS ET CYCLOPÉENS

DES

ILES BALÉARES

PAR

ÉMILE CARTAILHAC

ALBUM DES PLANCHES

I — LI

Le second fascicule, encore sous presse, comprend le texte avec les plans de tous les monuments (plus de soixante) et les dessins des objets très variés que l'on peut considérer comme contemporains (près de cent).

Cet ouvrage est tiré à petit nombre (240) *aux frais de l'auteur.*

ÉMILE CARTAILHAC.
5, rue de la Chaîne, Toulouse.

Pl. I

Phototypie A. Quinsac & G. Sagnes - Paris

Enceinte & porte d'entrée d'une cité antique

SANTA ROSA près CIUDADELA (Minorque)

Enceinte fortifiée d'une Ville antique

SON CARLA près CIUDADELA (Minorque)

Ruines antiques et "Garritas" modernes

SON SAURA NOW près CIUDADELA (Minorque)

Planche 4

Enceinte d'une Ville antique

LA MOLA DE FÉLANITX (Mayorque)

Phototypie A. Quinsac & E. Baqué – Paris

Enceinte d'une Ville antique

LA MOLA DE FÉLANITX (Mayorque)

A. Muraille de ville, façade intérieure remaniée

TORRELLA FUDA près CIUDADELA (Minorque)

B. Mur & pilier intérieur d'un monument

SAN AUGUSTIN près SAN CRISTOBAL (Minorque)

B A C Planche 7

B

A

C

C

Ruines d'une Ville antique, partie sud-ouest

L'HOSTAL près CIUDADELA (Minorque)

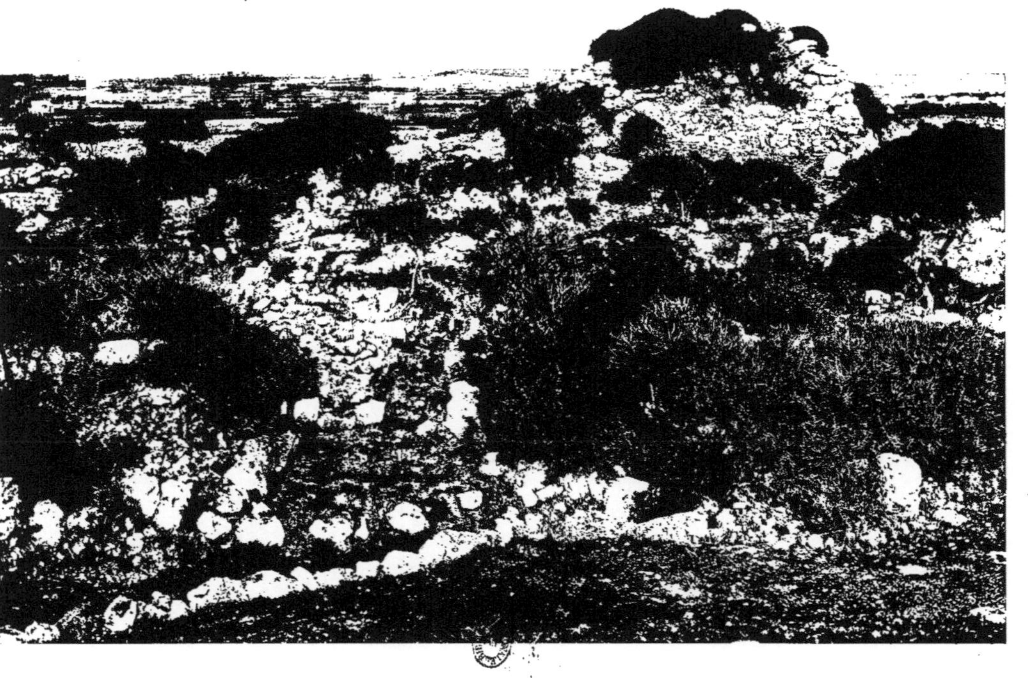

Ruines d'une Ville antique; partie nord-ouest

L'HOSTAL près CIUDADELA (Minorque)

Phototypie M. Quinsac & Cie ... Paris

Portion d'une galerie en ruine

SAN ADEODATO, sud de SAN CRISTOBAL (Minorque)

Ruines d'un monument circulaire

TORRE DE GAUMES, sud d'ALAYOR (Minorque)

Planche 11

Ruines d'un grand édifice de la ville antique

TORRE DE GAUMES près ALAYOR (Minorque)

Planche 12

Talayot et monument ruinés

TRABUCO près MAHON (Minorque)

Planch. B

Edifice principal et Talayot

TALATI DE DALT près MAHON (Minorque)

Phototypie A. Quinsac & G. Baquié

Édifice principal et Talayot
TALATI DE DALT près MAHON (Minorque)

Édifice principal et ruines d'une ville

TARRAUBA DE SALORT près ALAYOR (Minorque)

Phototypie A. Quinsac & A. Béquie - Paris

Habitation principale et grand Talayot

TARRAUBA DE SALORT près ALAYOR (Minorque)

Pilier central de l'edifice principal de la cité

TARRAUBA DE SALORT près ALAYOR (Minorque)

Planche 18

Édifice principal au pied du grand Talayot partie sud-est

TORRE DE GAUMES près ALAYOR (Minorque)

Planche 1°

Édifice principal au pied du grand Talayot partie sud-ouest

TORRE DE GAUMES près ALAYOR (Minorque)

Planche 20

Phototypie A. Quinsac & G. Dujoie — Paris

Habitation principale, vue de face

SON CARLA près CIUDADELA (Minorque)

A

Habitation principale, vue intérieure est

SOU CARLA pres CIUDADELA (Minorque)

Photypie A. Quinsac & G. Duque - Paris.

Habitation principale, vue intérieure ouest

SOU CARLA près CIUDADELA (Minorque)

Monuments primitifs de Mahon au milieu des fortifications élevées par le Duc de Crillon

Les trois Talayots et l'emplacement de la ville

TORRE DE GAUMES près ALAYOR (Minorque)

(Murs modernes sur les premiers plans)

Planche 24

Édifice principal en ruines, vue prise de l'ouest

TORRE TRENCADA près CIUDADELA (Minorque)

Pilier central du monument principal

TORRE TRENCADA près CIUDADELA (Minorque)

Édifice principal, vue intérieur ouest

BENIMAYMUT, près MAHON (Minorque)

A

A

Édifice principal

TORRELLA FUDA près CIUDADELA (Minorque)

Le plus grand Talayot des Baléares

SON MORELL près la BAIE D'ALCUDIA et le PIC FARRUITX

Intérieur du grand Talayot

SON MORELL (Mayorque)

Talayot carré en ruine

CANOVA DE MORELL près la BAIE D'ALCUDIA (Mayorque)

Phototypie A. Quinsac & G. Baqué _ Paris.

Talayot en ruine

Son Oliver, près FELANITX (Mayorque)

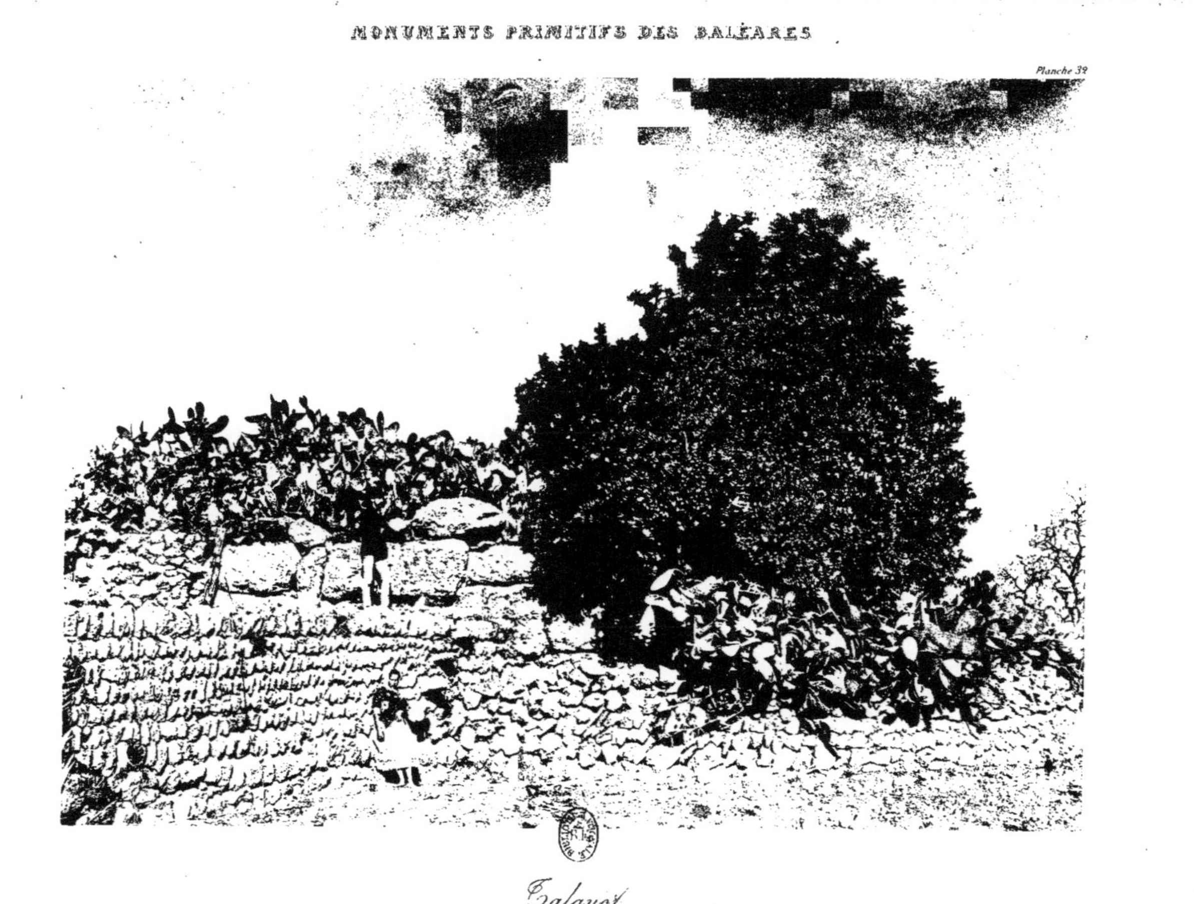

Talayot

ALGAÏDA près PALMA (Mayorque)

Un groupe de Talayots en ruine

POLLENZA (Mayorque)

Parois intérieures d'un petit talayot en ruine

SON HEREDAD, pres la TOUR DE CANAMEL ARTA (Mayorque)

Talayot à deux étages intérieurs

TORRE NOVA DE LOZANO au nord de CIUDADELA (Minorque)

Talayot avec crypte bien conservée, vue de l'entrée

SAN AUGUSTIN près SAN CRISTOBAL (Minorque)

Planche 37

Pilier central d'un talayot détruit

SON SABO près MONTUIRI (Mayorque)

Enceinte d'une Ville

LA VELA DE SON AROUED près FELANITX (Mayorque)

Talayot avec partie supérieure refaite

TORRELLO près MAHON (Minorque)

Talayot avec partie supérieure refaite

TORRELLO près MAHON (Minorque)

Talayot en ruine et remanié

BENICODRELL DE DALT près SAN CRISTOBAL (Minorque)

Phototypie N. Quinsac & C. Béqué – Paris

Nau ou Naveta monument funéraire, vue de coté

LES TUDONS près CIUDADELA (Minorque)

Nau ou Naveta, monument funéraire, vue de la façade

LES TUDONS près CIUDADELA (Minorque)

Planch. 43

Nau ou monument funéraire; vue de la façade

1ère de RAFAL RUBI (Minorque)

Nau ou monument funéraire, vue de la façade

2ème de RAFAL RUBI (Minorque)

Phototypie A. Quinsac & B. Baqué – Paris.

Nau ou monument funéraire, vue prise du sud-ouest

2ème de RAFAL RUBI (Minorque)

Nau ou monument funéraire coupé par la culture

SON MERCE DE BAIX, FERRERIAS (Minorque)

Phototypie A. Quinsac & G. Baqué - Paris

Grottes artificielles au bord de la mer

CALA COVAS près MAHON (Minorque)

Planche 48

Grottes artificielles au bord de la mer

CALA COVAS près MAHON (Minorque)

Grottes artificielles au bord de la mer

CALA COVAS près MAHON (Minorque)

Garrita ou Cabane moderne: vue de la façade

FERRERIAS (Minorque)

Garrita ou Cabane moderne vue de dos

FERRERIAS (Minorque)

www.ingramcontent.com/pod-product-compliance
Ingram Content Group UK Ltd.
Pitfield, Milton Keynes, MK11 3LW, UK
UKHW020333180726
13839UKWH00002B/700

9 782329 385648